Robson Dias

Pelo Espírito Vovó Amália

Copyright © 2000 by
FEDERAÇÃO ESPÍRITA BRASILEIRA — FEB

6ª edição – Impressão pequenas tiragens – 1/2024

ISBN 978-85-7328-733-2

Todos os direitos reservados. Nenhuma parte desta publicação pode ser reproduzida, armazenada ou transmitida, total ou parcialmente, por quaisquer métodos ou processos, sem autorização do detentor do *copyright*.

FEDERAÇÃO ESPÍRITA BRASILEIRA – FEB
SGAN 603 – Conjunto F – Avenida L2 Norte
70830-106 – Brasília (DF) – Brasil
www.febeditora.com.br
editorial@febnet.org.br
+55 61 2101 6161

Pedidos de livros à FEB
Comercial
Tel.: (61) 2101 6161 – comercial@febnet.org.br

Adquirindo esta obra, você está colaborando com as ações de assistência e promoção social da FEB e com o Movimento Espírita na divulgação do Evangelho de Jesus à luz do Espiritismo.

Conselho Editorial:
Jorge Godinho Barreto Nery – Presidente
Geraldo Campetti Sobrinho – Coord. Editorial
Cirne Ferreira de Araújo
Evandro Noleto Bezerra
Maria de Lourdes Pereira de Oliveira
Marta Antunes de Oliveira de Moura
Miriam Lúcia Herrera Masotti Dusi

Produção Editorial:
Elizabete de Jesus Moreira

Revisão:
Denise Giusti
Elizabete de Jesus Moreira

Capa, Projeto Gráfico e Diagramação:
Ísis F. de Albuquerque Cavalcanti

Ilustrações:
Marcial da Luz de Ávila Júnior

Normalização Técnica:
Biblioteca de Obras Raras e Documentos
Patrimoniais do Livro

Dados Internacionais de Catalogação na Publicação (CIP)
(Federação Espírita Brasileira – Biblioteca de Obras Raras)

V973d   Vovó Amália (Espírito)
            Docemel: a abelha que não acreditava em Deus / pelo Espírito Vovó Amália; [psicografado por] Robson Dias; [Ilustrações: Marcial de Ávila Júnior]. – 6. ed. – Impressão pequenas tiragens – Brasília: FEB, 2024.
            32 p.; il. color.; 21cm. – (Coleção: As histórias que a vovó gosta de contar...)
            ISBN 978-85-7328-733-2
            1. Literatura infantil espírita. 2. Obras psicografadas. I. Dias, Robson, 1968–. II. Ávila Júnior, Marcial de. II. Federação Espírita Brasileira. III. Título. IV. Coleção.
                                                            CDD 869.3
                                                            CDU 869.3
                                                            CDE 81.00.00

Esta edição foi impressa no sistema de Impressão pequenas tiragens, em formato fechado de 210x210 mm. Os papéis utilizados foram o Couche fosco 90 g/m² para o miolo e o Cartão 250 g/m² para a capa. O texto principal foi composto em fonte Fenario 15/18. Impresso no Brasil. *Presita en Brazilo.*

Apresentação

Temos outra história da série "As histórias que a vovó gosta de contar". O texto vai nos mostrar uma realidade que frequentemente acontece conosco.

Ficamos tão envolvidos com nossos afazeres que nos esquecemos de perguntar como vivemos, quem nos dá tudo que temos e, principalmente, quem nos deu a vida. A história é rica de fatos que vão ilustrar situações, demonstrando que Deus, o Criador de todo o universo, está presente na natureza, flores, pássaros, frutos e, principalmente, em nós. Os conhecimentos são transmitidos por meio de diálogos entre uma abelhinha chamada Docemel, que não acreditava em Deus e seus amigos, os animais.

Ela ficava muito nervosa por não entender por que todos os seus amiguinhos sempre respondiam que estavam fazendo seu trabalho "Graças a Deus", quando ela lhes questionava.

Esta história nos dá a oportunidade de revermos se, no nosso dia a dia, nos lembramos de agradecer a Deus pelo dom da vida, por cada amanhecer, pelos pais, pelo trabalho, pelo alimento, pelas roupas, pelos brinquedos, enfim, por tudo que nos cerca.

O hábito de dar graças a Deus ou de se despedir de alguém dizendo "fique com Deus" ou "vai com Deus", deveria ser tão usual em nossa vida como o de dizer bom-dia, boa-tarde, boa-noite. A história é narrada com simplicidade e clareza possibilitando a cada um a certeza da existência do Criador, de que Ele vive em nós e de que somos feitos à sua imagem e semelhança.

Ana Maria Carneiro

Livro da coleção
As histórias que a vovó gosta de contar...

Era uma linda tarde. A abelhinha Docemel voava observando as lindas flores do jardim. Eram tantas, com tamanha variedade de formato e cores, que se sentia inebriada. Estava radiante aquele dia.

A primavera é uma estação de rara beleza. Docemel pousava levemente na flor que considerava a mais bonita. Depois ia à busca de outra. Todas tinham um aroma diferente. Neste movimento, que para nossa amiga era quase uma brincadeira, avistou uma Formiguinha operária que transportava uma folhinha nas costas.

Como era muito curiosa, chegou perto da Formiguinha e perguntou:

— Olá, amiga Formiguinha, o que a senhora está fazendo?

— Abelhinha, como vai? Estou carregando esta folha que levarei para dentro do formigueiro porque servirá de alimento para mim e minhas companheiras.

— A senhora trabalha sempre assim? Esta folha parece pesada.

— Claro minha amiga, o esforço é grande, mas "com a graça de Deus" sempre consigo chegar até o meu destino.

— Amiga Formiga, por que a senhora disse "com a graça de Deus" sendo que está fazendo tudo sozinha?

A formiguinha parou por um momento para pensar e respondeu:

— "Com a graça de Deus" porque Ele criou a terra onde construímos nosso formigueiro. É lá que moramos e nos resguardamos de qualquer intempérie. Igualmente é com sua graça que consigo vez ou outra uma folha que cai de alguma planta. Tenho minhas patinhas e são muitas, que ajudam a dividir melhor o peso. Não acha isso uma dádiva? Sempre dou graças por tudo que recebo, não lhe parece o correto?

Docemel não respondeu a pergunta da Formiguinha porque na verdade não compreendia o que ela estava falando. Não desejava continuar mais a conversa que, para ela, estava ficando cansativa. Rapidamente se despediu. Queria se divertir. Aquele dia estava bonito demais para ficar perdendo tempo com coisas sem nenhuma importância, pensou Docemel.

Continuou seu trajeto até que encontrou, mais à frente, às margens do rio, seu amigo Castor que fazia uma represa enorme. Dirigiu-se a ele, cumprimentando-o:

— Como vai, amigo Castor?

— Olá, Docemel, vou muito bem e a senhora?

— Estou bem, obrigada. Está dando muito trabalho fazer esta represa?

— Sempre é muito trabalhoso, mas vou conseguir "com a graça de Deus".

Docemel ficou muito irritada. Não pôde conter-se e resmungou:

— Mas, por que todo mundo insiste nesta tal de "graça de Deus"? Não é você quem está aí trabalhando para conseguir construir sua represa?

O Senhor Castor ficou meio assustado com a atitude da nossa abelhinha, mas prontamente respondeu:

—Claro, Docemel, eu estou fazendo a minha parte. Estou trabalhando, contudo, não criei os troncos ou as folhas que utilizo para a construção. Imagine se eu quisesse construir e não encontrasse o material necessário? Não é uma graça ter tudo à minha disposição e em abundância?

Ficou completamente desconcertada com a lógica do seu amigo, mas não querendo novamente encompridar a conversa, respondeu:

— É, pode ser, pode ser... Até breve.

— Até logo, minha...

Nem deixou que o Castor terminasse sua despedida e saiu voando rapidamente.

Voava tão rápido, completamente desatenta, que trombou com a Mamãe Sabiá, que estava em seu ninho chocando seus ovinhos.

— Docemel, para que tanta pressa assim? — e deu uma gargalhada...

— Desculpe, Mamãe Sabiá — falou meio sem graça —, por acaso machuquei-a?

A Mamãe Sabiá ofereceu-lhe um belo sorriso e respondeu:

— Não, queridinha. "Graças a Deus" eu estava aqui porque senão você bateria na árvore e se machucaria muito. Minhas penas amorteceram o impacto.

Docemel não mais podia controlar sua raiva e falou com muita irritação:

— Mas, meu Deus, "graças a Deus" de novo? Eu não acredito nesta tal graça que todo mundo fala...

Mamãe Sabiá não deixou que ela terminasse e rapidamente perguntou:

— Minha querida, você não acredita que foi uma graça eu estar aqui?

— Claro que não — respondeu brava —, foi pura coincidência, nem acredito neste tal de "Deus" também.

— Não mesmo? Então por que você se referiu a Ele?

— Eu? — agora estava completamente indignada.

Mamãe Sabiá aconchegou carinhosamente a abelhinha em uma de suas asinhas e falou:

— Sim, você disse: "mas, meu Deus, graças a Deus de novo?"

Com esse gesto de carinho Docemel aquietou-se. Olhou para Mamãe Sabiá e disse:

— Isso foi uma maneira de falar...

— Quem sabe esta "maneira de falar", que saiu tão automaticamente de sua boca, não traduza, de certa forma, a verdade escondida em seu coração?

Esta afirmação foi dita em tom tão carinhoso que Docemel não teve como contestar e disse:

— Não quero mais conversar com a senhora. Está me confundindo...

Ao que Mamãe Sabiá concluiu:

— Confusa, filha, você já estava. Quem sabe não é agora que está começando a se conhecer um pouco melhor?

Docemel estava completamente aturdida. Saiu do aconchego da Mamãe Sabiá e nem percebeu que não se despedira. Voou aparentemente sem rumo definido e, quando se deu conta, já havia subido uma boa parte do rio e estava na cachoeira onde gostava de ficar sempre que se sentia sozinha ou angustiada. Era um lugar belíssimo. Nas proximidades morava a Dona Lagarta, sua velha amiga. Desejou naquele momento poder reencontrá-la para conversar. Geralmente quando se encontravam, ficavam conversando por um longo tempo.

Tão logo ela pousou na pedra maior, qual foi sua surpresa, Dona Lagarta veio se aproximando devagarzinho. Isto a deixou muito feliz.

— Olá, amiga Docemel, como vai? Há muito tempo que não vem por aqui.

— Estou bem — respondeu sem muita convicção.

— Não parece, pois está com uma fisionomia muito preocupada. Vamos, conte-me o que anda acontecendo.

Colocou-se ao lado de Docemel e esperou que ela lhe falasse dos seus problemas.

Diante da atitude da amiga, Docemel se sentiu encorajada e começou o seu relato:

— Estava aqui pensando sobre uma porção de coisas que ouvi hoje. Todo mundo que encontrei sempre dá "graças a Deus" pelas coisas que faz. Sinceramente, isto me deixa intrigada.

— Agradecer a Deus, mas isto é muito bom. Por que você se sente assim?

— Porque vejo em todos os acontecimentos coisas naturais e não consigo perceber esta interferência de Deus. Você me compreende?

Dona Lagarta parou por um momento e pensou...

— Acho que sim, mas, sinceramente, não vejo motivo para tanta preocupação. Docemel, quem lhe disse que Deus não é natural? Acho que na verdade deseja que aconteça algo espantoso, um grande fenômeno para que perceba a presença de Deus e acredite nele.

— Tenho certeza de que se isto acontecesse eu poderia acreditar que ele existe, mas, enquanto isso...

A conversa de nossas amiguinhas foi interrompida por algumas gotas de chuva que começaram a cair. Estavam ali entretidas e não perceberam que o tempo havia mudado.

Dona Lagarta falou:

— Não podemos continuar agora, temos que ir para casa. Está armando uma enorme tempestade.

— Sim, amiga, estou vendo. Tenho de me apressar porque minha casa é muito longe. Espero chegar lá antes que caia este grande temporal.

E as duas se despediram, cada qual se apressando para chegar breve em casa.

Docemel voou o mais rápido que podia, mas percebeu que não conseguia avançar muito. O vento estava muito forte e em sua direção. A chuva começou a aumentar e em breve transformara-se naquele temporal que ela e sua amiga haviam previsto. Esperta, a abelhinha sentiu que precisava encontrar algum lugar seguro até que a chuva passasse. Já estava ficando cansada. Suas asinhas estavam bastante molhadas, o que pesava muito e impedia um voo mais ligeiro.

O tempo foi passando e não encontrava nenhum lugar para repousar. Estava tão cansada que tinha de lutar desesperadamente para se manter no ar. Quase sem forças, sentiu uma enorme onda lhe engolir. Estava voando baixo demais e nem percebera quão próxima estava das águas. Era tarde agora. O rio, antes tão calmo, estava muito agitado e Docemel havia sido tragada por sua força destruidora. Começou a debater-se na ânsia de conseguir sair, mas parecia em vão.

A correnteza era muito forte e a jogava de um lado para o outro. Naquele momento achou que seria o seu fim.

— Deus! Meu Deus!!! Socorro, meu Deus!!! Preciso de sua ajuda!!! Por favor, perdoe a minha teimosia em não acreditar na sua existência!!!

No seu desespero observou um pequeno tronco ao lado e, como última tentativa de sobrevivência, agarrou-se a ele e foi descendo ao sabor da correnteza, até que sentiu que havia parado. Percebeu onde estava. Aquele tronco, aparentemente sem serventia, havia se prendido em parte da represa inacabada do Senhor Castor, construindo, como que por encanto, uma ponte natural até à margem. Subitamente, um raio de esperança invadiu seu coração.

Com muito esforço ela conseguiu equilibrar-se sobre o tronco e arrastou-se até chegar em terra firme. A chuva naquele momento tinha abrandado. Era uma daquelas grandes tempestades que logo tem seu fim, deixando a relva molhada e a promessa de um porvir ensolarado.

Ainda ao chão, sentiu em seu dorso os primeiros raios de sol; olhou para cima e o viu surgir por entre as nuvens. Foi então que exclamou aliviada:

— Graças a Deus, ainda estou viva...

Foi como se aquele sol brilhasse no seu coração. Uma nova luz de entendimento e compreensão invadiu todo o seu ser.

Agora prestando muita atenção no que dizia novamente exclamou:

— Graças a Deus eu estou viva...

Compreendeu naquele momento que o grande fenômeno que buscava para ter certeza da existência do Criador era ela mesma. Lembrou-se da Mamãe Sabiá afirmando que era agora que ela estava começando a se conhecer melhor e percebeu o quanto ela tinha razão.

Olhou para suas patinhas, pegou nas suas asinhas, que ainda estavam molhadas, e pela primeira vez percebeu que era uma criatura que estava viva, que realmente ela existia e então pôde perceber que as flores, a grama, na verdade tudo ao seu redor também estava vivo. Isto era realmente uma dádiva, um fenômeno maravilhoso digno de um Deus amoroso, justo e perfeito. Sentiu-se parte desta perfeição e uma alegria enorme a envolveu.

Levantou-se rapidamente. Fixou seus olhos no horizonte e exclamou:

— Obrigada, meu Deus, por ter me ofertado o dom da vida!

Lágrimas abundantes rolaram naquele momento de seus olhos e ela permaneceu ali por um longo tempo, como que querendo pela primeira vez sentir um pouco mais da companhia daquele Deus, que agora sabia reconhecer e compreender.